谨以此书向新中国成立七十周年献礼

邮话
精彩中国七十年

盛惠良 编

苏州大学出版社
Soochow University Press

图书在版编目(CIP)数据

邮话精彩中国七十年/盛惠良编. —苏州：苏州大学出版社,2019.9
ISBN 978-7-5672-2947-1

Ⅰ.①邮… Ⅱ.①盛… Ⅲ.①邮票-中国-图集 ②社会主义建设成就-中国 Ⅳ.①G262.2-64 ②D619

中国版本图书馆 CIP 数据核字(2019)第 193278 号

书　　名：	邮话精彩中国七十年 YOUHUA JINGCAI ZHONGGUO QISHINIAN
编　　者：	盛惠良
策划编辑：	孔舒仪
责任编辑：	张　芳　孔舒仪
装帧设计：	吴　钰
出版发行：	苏州大学出版社 （苏州市十梓街1号　215006）
印　　刷：	苏州工业园区美柯乐制版印务有限责任公司
开　　本：	787 mm×1 092mm　1/16
印　　张：	12.25
字　　数：	120千字
版　　次：	2019年9月第1版
印　　次：	2019年9月第1次印刷
书　　号：	ISBN 978-7-5672-2947-1
定　　价：	98.00元

若有印装错误，本社负责调换
苏州大学出版社营销部　电话：0512-67481020
苏州大学出版社网址　http://www.sudapress.com
苏州大学出版社邮箱　sdcbs@suda.edu.cn

前言

　　邮票是一个国家的名片，是弘扬一个国家精粹的重要宣传载体，也是一个国家政治、经济、历史、文化、艺术、科学的真实缩影。中华人民共和国成立七十年来，我国发行了大量邮资票品，题材广泛，内容丰富，记录了伟大祖国的前进步伐。

　　笔者系有三十多年经验的集邮爱好者，凡新出的邮品多有收藏，可惜未曾系统整理，也没有成体系地对其进行归纳和总结。此次向新中国成立七十周年献礼，便成了将自己珍藏邮品整理出版的契机。自2018年项目立项起，笔者便一面着手整理收集的藏品，一面梳理中华人民共和国成立七十年来国家在政治、外交、经济、社会、国防、科技、文化、体育等领域的成就，主要聚焦于极具代表性且登上邮品的突出成就，采用相关邮品配以说明文字的写作体例，展现在中国共产党的领导下，新中国阔步前行的脚步和日新月异的面貌。本书的邮品包括邮票、邮资明信片和邮资信封，大部分是个人私藏，部分年代久远的邮品向资深集邮家所借，在此，特别感谢陆树笙先生在本书出版过程中对我的支持和指导。诚然，由于笔者视野、藏品和本书篇幅所限，新中国成立七十年来波澜壮阔的发展历程和人民奋斗取得的辉煌成就，难以在书中全部呈现，未尽之处望与读者商榷。

　　习近平总书记曾引用朱熹《春日》中的诗句："等闲识得东风面，万紫千红总是春。"他说："新时代属于每一个人，每一个人都是新时代的见证者、开创者、建设者。只要精诚团结、共同奋斗，就没有任何力量能够阻挡中国人民实现梦想的步伐！""芳林新叶催陈叶，流水前波让后波。"在新书即将付梓之际，笔者期待本书亦可与广大读者的国家认同、民族认同和文化认同产生共鸣，为国家的繁荣昌盛、民族的蓬勃振兴、人民的安居乐业而欢欣鼓舞。

盛惠良
2019年春至

目 录 Contents

◆ **政治与外交**

1. 开国大典 / 3
2. 全国人民代表大会 / 4
3. 中国人民政治协商会议 / 10
4. 改革开放 / 15
5. 中国共产党全国代表大会 / 21
6. 香港回归 / 30
7. 澳门回归 / 34
8. 两岸"三通" / 38
9. 社会主义核心价值观 / 39
10. 中国梦 / 40
11. 对外交流 / 43
12. 中国援外医疗队 / 47
13. 和平共处五项原则 / 48
14. 加入世界贸易组织 / 50
15. 一带一路 / 51

◆ **经济与社会**

1. 中国桥梁 / 57
2. 中国铁路 / 68
3. 中国公路 / 76
4. 中国民航 / 78
5. 中国造船 / 80
6. 水利和电力 / 85
7. 西气东输 / 96
8. 经济特区与开发区建设 / 97
9. 对外贸易 / 108
10. 希望工程 / 111
11. 精准扶贫 / 112
12. 应急救灾 / 114

◆ **国防与科技**

1. 航空成果 / 123
2. 航天成果 / 126
3. "两弹一星"元勋 / 135
4. 汉字激光照排 / 138
5. 人工全合成结晶牛胰岛素 / 139
6. 杂交水稻 / 140
7. 南极考察 / 141

◆ **文化与体育**

1. 博物馆建设 / 147
2. 全民阅读 / 148
3. 北京国际图书博览会 / 149
4. 孔子学院 / 150
5. 国家大剧院 / 151
6. 国家图书馆 / 152
7. 中国电视事业 / 153
8. 上海世博会 / 154
9. 世界园艺博览会 / 159
10. 中国艺术节 / 162
11. 全国运动会 / 165
12. 中国重返国际奥委会 / 168
13. 中国与奥林匹克运动会 / 169
14. 女排精神 / 184
15. 国球荣耀 / 186

政治与外交

政治与外交

1 开国大典

1949年10月1日，开国大典在北京举行，毛泽东同志在天安门城楼上宣告中华人民共和国、中央人民政府成立。至此，中国结束了一百多年来被侵略、被奴役的屈辱历史，真正成为独立自主的国家，开辟了中国历史的新纪元。

中国人民邮政于1959年10月1日发行纪71《中华人民共和国成立十周年（第五组）·开国大典》纪念邮票，1套1枚

2 全国人民代表大会

　　1954年9月15日，第一届全国人民代表大会第一次会议召开，标志着人民代表大会制度的建立。人民代表大会制度保障了人民当家做主的根本权益，保证了国家机关的协调高效运转。第一届全国人民代表大会第一次会议通过了《中华人民共和国宪法》，并根据宪法选举毛泽东为中华人民共和国主席。1982年12月4日，第五届全国人民代表大会第五次会议通过并公布施行经全面修改后的《中华人民共和国宪法》，这是我国的现行宪法，后分别于1988年、1993年、1999年、2004年、2018年先后5次对宪法进行修改。

中国人民邮政于1954年12月30日发行纪29《中华人民共和国第一届全国人民代表大会》纪念邮票，1套2枚

中国人民邮政于1954年12月30日发行纪30《中华人民共和国宪法》纪念邮票，1套2枚

中国人民邮政于1975年1月25日发行J.5《中华人民共和国第四届全国人民代表大会》纪念邮票，1套3枚

中国人民邮政于1978年2月26日发行J.24《中华人民共和国第五届全国人民代表大会》纪念邮票，1套3枚

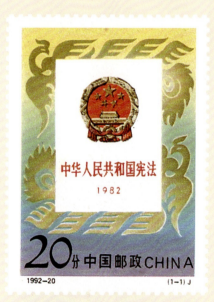

中国邮政于1992年12月4日发行1992-20《中华人民共和国宪法（1982—1992）》纪念邮票，1套1枚

中国邮政于2012年12月4日发行2012-31《现行宪法公布施行三十周年》纪念邮票，1套1枚

中国人民邮政于1983年6月6日发行J.94《中华人民共和国第六届全国人民代表大会》纪念邮票，1套2枚

中国人民邮政于1988年3月25日发行J.147《中华人民共和国第七届全国人民代表大会》纪念邮票，1套1枚

中国邮政于1993年3月15日发行1993-4《中华人民共和国第八届全国人民代表大会》纪念邮票，1套1枚

中国邮政于1998年3月5日发行1998-7《中华人民共和国第九届全国人民代表大会》纪念邮票，1套1枚

中国邮政于2008年3月5日发行2008-5《中华人民共和国第十一届全国人民代表大会》纪念邮票，1套1枚

中国邮政于2013年3月5日发行2013-4《中华人民共和国第十二届全国人民代表大会》纪念邮票，1套1枚

中国邮政于2004年9月15日发行2004-20《人民代表大会成立五十周年》纪念邮票，1套2枚

3　中国人民政治协商会议

　　1949年9月21日至30日，中国人民政治协商会议第一届全体会议在北京召开，标志着中国人民政治协商制度的建立。中国人民政治协商会议承担政治协商、民主监督、参政议政的职能，对国家宪法、法律、法规的实施，重大方针的贯彻执行，国家机关及其工作人员的工作，通过建议和批评进行监督；对政治、经济、文化、社会生活中的重要问题，以及人民群众广泛关注的问题，开展调查研究，反映民情民意，进行协商讨论。中国人民政治协商会议第一届全体会议召开时尚未召开第一届全国人民代表大会，故本次会议代行全国人民代表大会职权，选举产生了中华人民共和国中央人民政府委员会，确定了新中国的首都、国旗、国歌和纪年。

中华人民邮政于1949年10月8日发行纪1《庆祝中国人民政治协商会议第一届全体会议》纪念邮票，1套4枚

中国人民邮政于 1950 年 10 月 1 日发行纪 6《中华人民共和国开国一周年纪念》纪念邮票，1 套 5 枚

中国人民邮政于1959年10月1日发行纪68《中华人民共和国成立十周年（第二组）》纪念邮票，1套4枚

中华人民邮政于1950年2月1日发行纪2《中国人民政治协商会议纪念》纪念邮票，1套4枚

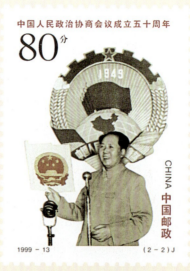

中国邮政于 1999 年 9 月 21 日发行 1999-13《中国人民政治协商会议成立五十周年》纪念邮票，1 套 2 枚

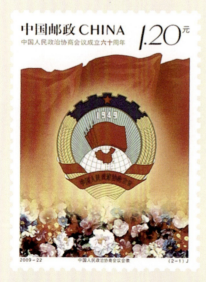

中国邮政于 2009 年 9 月 21 日发行 2009-22《中国人民政治协商会议成立六十周年》纪念邮票，1 套 2 枚

4 改革开放

1978年12月，中国共产党第十一届三中全会在北京召开，标志着改革开放的序幕就此拉开。在这一历史时期，围绕改革开放展开的"关于真理问题的大讨论""小岗村精神""南方谈话"等，均为社会主义建设奠定了理论基础并提供了实践指导。中共中央委员会《关于建国以来党的若干历史问题的决议》，于1981年6月27日在中国共产党第十一届中央委员会第六次全体会议上一致通过，对中华人民共和国成立以来的历史和全面建设社会主义进行基本估计和评价。

中国共产党第十一届三中全会的召开，确立了党在新时期的思想路线、政治路线和组织路线，实现了党和国家工作重心的转移，开启了中国改革开放和社会主义现代化建设新时期的序幕。

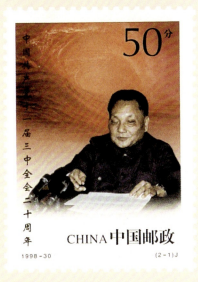

中国邮政于1998年12月18日发行1998-30《中国共产党十一届三中全会二十周年》纪念邮票，1套2枚

1978年5月11日,《光明日报》发表一篇署名"本报特约评论员"的文章《实践是检验真理的唯一标准》,随后,《人民日报》和《解放军报》等先后转载。文章像一颗"重磅炸弹",在思想理论界引起了巨大震动,由此引发了一场席卷全国的关于真理标准问题的大讨论。这场大讨论为党的十一届三中全会做了理论准备。

中国邮政于2009年6月16日发行JP158《〈光明日报〉创刊60周年》纪念邮资明信片,1套1枚

小岗村隶属于安徽省凤阳县,是中国农村改革的发源地。1978年,18位农民在土地承包责任书上按下了红手印,创造了"小岗精神"。

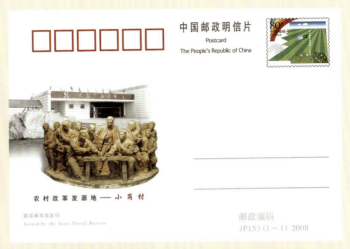

中国邮政于2008年12月18日发行JP153《农村改革发源地——小岗村》纪念邮资明信片,1套1枚

中国邮政于2018年5月19日发行JP235《改革开放四十周年》纪念邮资明信片,1套1枚

邓小平同志是中国社会主义改革开放和现代化建设的总设计师。1992年1月18日至2月21日，邓小平先后赴武昌、深圳、珠海和上海视察，沿途发表了重要讲话，统称"南方谈话"。南方谈话为深化改革开放奠定了理论基础。

中国邮政于2014年8月22日发行2014-17《邓小平同志诞生一百一十周年》纪念邮票，4-4即"南方谈话"

改革开放是当代中国命运的关键抉择，也是持续耕耘、创新的历史进程。

中国邮政于2008年12月18日发行2008-28《改革开放三十周年》纪念邮票，1套1枚，小型张1枚

中国邮政于2018年12月18日发行2018-34《改革开放四十周年》纪念邮票，1套2枚，小型张1枚

中国邮政于2018年12月18日发行2018-34《改革开放四十周年》纪念邮票,小版张1枚

5 中国共产党全国代表大会

中国共产党第一次全国代表大会于1921年7月23日开幕,距今已有近百年的历史。中国共产党全国代表大会行使职权包括:听取和审查中央委员会的报告;听取和审查中央纪律检查委员会的报告;讨论并决定党的重大问题;修改党的章程;选举中央委员会;选举中央纪律检查委员会。自中国共产党第十二次全国代表大会以来,中国共产党全国代表大会审议通过了党在社会主义初级阶段的基本路线、社会主义市场经济体制的改革目标、深入贯彻落实科学发展观的明确要求等重要决策,为国家的繁荣昌盛与稳定发展打下了扎实基础。

中国共产党第十二次全国代表大会于1982年9月1日至11日在北京召开。邓小平同志在开幕词中提出了"走自己的道路,建设有中国特色的社会主义"的重要思想。本次大会标志着党成功实现了具有历史性意义的伟大转变,开始把中国带入建设中国特色的社会主义的新征程,全面开创社会主义现代化建设的新局面。

中国人民邮政于1982年9月1日发行J.86《中国共产党第十二次全国代表大会》纪念邮票,1套1枚。

中国共产党第十三次全国代表大会于1987年10月25日至11月1日在北京举行。大会提出并系统阐述了社会主义初级阶段理论，制定了党在社会主义初级阶段的基本路线，提出了"三步走"发展战略和各项改革任务。

中国人民邮政于1987年10月25日发行J.143《中国共产党第十三次全国代表大会》纪念邮票，1套1枚

中国共产党第十四次全国代表大会于1992年10月12日至18日在北京举行。大会确立了邓小平建设有中国特色社会主义理论在全党的指导地位，概括了建设有中国特色社会主义理论的主要内容，明确了建立社会主义市场经济体制的改革目标。

中国邮政于1992年10月12日发行1992-13《中国共产党第十四次全国代表大会》纪念邮票，1套1枚

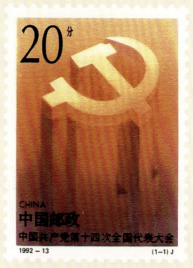

中国共产党第十五次全国代表大会于1997年9月12日至18日在北京召开。大会首次使用"邓小平理论"概念，通过的《中国共产党章程修正案》明确规定将邓小平理论确立为党的指导思想，同时提出了社会主义初级阶段的基本纲领，规划了跨世纪发展的战略部署。

中国邮政于1997年9月12日发行1997-14《中国共产党第十五次全国代表大会》纪念邮票，1套1枚。

中国共产党第十六次全国代表大会于2002年11月8日至14日在北京召开。大会提出全面建设小康社会的战略目标,把"三个代表"重要思想写入党章,与马克思列宁主义、毛泽东思想、邓小平理论一起作为党必须长期坚持的指导思想。

中国邮政于2002年11月8日发行2002-21《黄河壶口瀑布》特种邮票,小型张1枚,庆祝中国共产党第十六次全国代表大会胜利召开

中国共产党第十七次全国代表大会于2007年10月15日至21日在北京召开。大会对科学发展观的时代背景、科学内涵和精神实质进行了深刻阐述，对深入贯彻落实科学发展观提出了明确要求。

中国邮政于2007年10月15日发行2007-29《中国共产党第十七次全国代表大会》纪念邮票，1套2枚，小型张1枚。

中国共产党第十八次全国代表大会于2012年11月8日至14日在北京召开。大会提出大力推进生态文明建设，坚持推进政治体制改革，实施创新驱动发展战略，深化经济体制改革等发展要求。

中国邮政于2012年11月8日发行2012-26《中国共产党第十八次全国代表大会》纪念邮票，1套2枚，小型张1枚

邮话 精彩中国七十年

中国邮政于2012年11月8日发行2012-26《中国共产党第十八次全国代表大会》纪念邮票，小版张1枚

中国共产党第十九次全国代表大会于2017年10月18日至24日在北京召开。本届大会是在全面建成小康社会决胜阶段、中国特色社会主义发展关键时期召开的一次十分重要的大会，会议主题是：不忘初心，牢记使命，高举中国特色社会主义伟大旗帜，决胜全面建成小康社会，夺取新时代中国特色社会主义伟大胜利，为实现中华民族伟大复兴的中国梦不懈奋斗。

中国邮政于2017年10月18日发行2017-26《中国共产党第十九次全国代表大会》纪念邮票，1套2枚

中国邮政于2017年10月18日发行2017-26《中国共产党第十九次全国代表大会》纪念邮票，小型张1枚，小版张1枚。

6 香港回归

1982年9月，英国首相撒切尔夫人访华，中英正式拉开香港前途谈判之幕。在经过两年多达22轮的谈判后，双方最终在1984年12月19日正式签署了《中英关于香港问题的联合声明》，决定自1997年7月1日起，中国在香港设立特别行政区。1985年5月27日，中英两国政府在北京互换批准书，《中英关于香港问题的联合声明》正式生效。

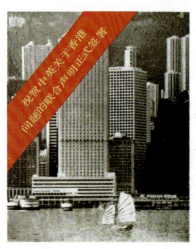

中国人民邮政于1984年12月25日发行JP2《中英关于香港问题的联合声明正式签署》纪念邮资明信片，1套2枚，2-1即"九龙外景"

1990年4月4日，第七届全国人民代表大会第三次会议通过了《中华人民共和国香港特别行政区基本法》，为香港回归后的稳定繁荣提供了可靠的法律保障。

中国人民邮政于1990年4月10日发行JP21《中华人民共和国香港特别行政区基本法》纪念邮资明信片，1套1枚。

1997年7月1日零点整，中华人民共和国国旗和香港特别行政区区旗在香港升起，经历了百年沧桑，香港回到了祖国的怀抱，中国政府开始对香港恢复行使主权。

中国邮政于1997年7月1日发行1997-10《香港回归祖国》纪念邮票，1套2枚

中国邮政于1997年7月1日发行1997-10《香港回归祖国》纪念邮票，小型张1枚，金箔小型张1枚

7 澳门回归

　　1987年4月13日，中葡两国政府在北京人民大会堂西大厅正式签署《中葡关于澳门问题的联合声明》。之后，中葡两国政府分别批准了《中葡关于澳门问题的联合声明》，并最终在1988年1月15日互换批准书，《中葡关于澳门问题的联合声明》正式生效。

中国人民邮政于1987年4月17日发行JP10《中葡关于澳门问题的联合声明正式签署》纪念邮资明信片，1套2枚，2-1即"妈祖阁"。

1993年3月31日，第八届全国人民代表大会第一次会议通过了《中华人民共和国澳门特别行政区基本法》。

中国邮政于1993年4月20日发行JP36《中华人民共和国澳门特别行政区基本法》纪念邮资明信片，1套1枚。

1999年12月20日，举世瞩目的中葡两国政府澳门政权交接仪式在澳门文化中心花园馆隆重举行，在雄壮的《义勇军进行曲》乐曲声中，中华人民共和国国旗和澳门特别行政区区旗庄严升起。至此，澳门回到祖国的怀抱。

中国邮政于1999年12月20日发行1999-18《澳门回归祖国》纪念邮票，1套2枚

中国邮政于1999年12月20日发行1999-18《澳门回归祖国》纪念邮票，小型张1枚，金箔小型张1枚

8 两岸"三通"

两岸"三通"增加了海峡两岸政治上的互信度,增强了民族凝聚力,加强了两岸经贸和民间交流。通邮方面,1993年,海峡两岸关系协会与台湾海峡交流基金会签署《两岸挂号函件查询、补偿事宜协议》,两岸邮政部门正式互办挂号函件业务;1996年,中国电信和台湾"中华电信"建立了两岸直接电信业务关系。通航方面,2008年12月15日,台湾海峡北线空中双向直航正式开通启用,民航上海区域管制中心与台北区域管制中心首次建立两岸空管部门的直接交接程序,标志着两岸同胞期盼已久的直接、双向、全面空中通航变成现实。通商方面,自1979年开始,大陆方面即对台湾产品开放市场,给予免税、减税等优惠待遇。

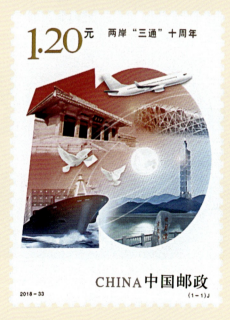

中国邮政于2018年12月15日发行2018-33《两岸"三通"十周年》纪念邮票,1套1枚

9 社会主义核心价值观

　　社会主义核心价值观是社会主义核心价值体系的内核，体现社会主义核心价值体系的根本性质和根本特征，反映社会主义核心价值体系的丰富内涵和实践要求，是社会主义核心价值体系的高度凝练和集中表达。党的十八大提出，倡导富强、民主、文明、和谐，倡导自由、平等、公正、法治，倡导爱国、敬业、诚信、友善，积极培育和践行社会主义核心价值观。这二十四个字是社会主义核心价值观的基本内容。

中国邮政于2015年11月29日发行2015-29《图说我们的价值观》特种邮票，1套3枚，小版张1枚

10 中国梦

中国梦是中国共产党第十八次全国代表大会召开以来，习近平总书记所提出的重要指导思想和重要执政理念，正式提出于2012年11月29日。习近平总书记在参观"复兴之路"展览时，第一次阐释了"中国梦"的概念，他认为，实现中华民族伟大复兴是中华民族近代以来最伟大的梦想。中国梦的具体表现是：国家富强，民族振兴，人民幸福。

中国邮政于2013年9月29日发行2013-25《中国梦——国家富强》特种邮票，1套4枚，小全张1枚

中国邮政于 2014 年 9 月 20 日发行 2014-22《中国梦——民族振兴》特种邮票，1 套 4 枚，小全张 1 枚。

中国邮政于2015年7月25日发行2015-15《中国梦——人民幸福》特种邮票，1套4枚，小全张1枚

11 对外交流

中华人民共和国成立以来，奉行独立自主的和平外交政策，积极开展外交活动，取得了卓越的成就。新中国成立初年，我国与苏联等17个国家建立了外交关系，为恢复经济建设创造了良好的外部环境；此后于1964年同法国建立外交关系，法国也是与中国建立外交关系的第一个西方世界大国；于1972年同日本政府发表《中日联合声明》，标志了中日邦交正常化。截至2019年3月，中国已与世界上178个国家建立了外交关系，正越来越深入地参与国际事务与合作。

1964年1月27日，中法两国发表联合公报，决定建立外交关系。法国是与中国建立大使级外交关系的第一个资本主义大国，打破了西方世界对中华人民共和国的外交封锁。

中国邮政于2014年1月27日发行2014-3《中法建交五十周年（中国—法国联合发行）》纪念邮票，1套2枚

43

1972年，日本首相田中角荣访华，双方发表《中日联合声明》，标志着中日邦交正常化。

中国人民邮政于1982年9月29日发行J.84《中日邦交正常化十周年》纪念邮票，1套2枚

中国邮政于1992年9月29日发行1992-10《中日邦交正常化二十周年》纪念邮票，1套2枚

1971年10月25日，在美国纽约联合国总部举行的第二十六届联合国大会上，中国恢复了在联合国的合法权利。这是中国在外交领域取得的重大胜利。

中国人民邮政于1985年10月24日发行JP5《联合国40周年》纪念邮资明信片，1套1枚

中国邮政于1995年10月25日发行1995-22《联合国成立五十周年》纪念邮票，1套2枚

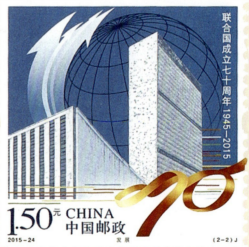

中国邮政于2015年9月26日发行2015-24《联合国成立七十周年》纪念邮票，1套2枚

12 中国援外医疗队

第一支中国援外医疗队于1963年成立，1964年4月应阿尔及利亚政府邀请，中国政府第一次向非洲派出医疗队，由此拉开了中国医疗队援非的序幕。中国医疗队成员多为志愿者，有着高水平的医疗技术和高尚的医德品质，赢得了各受援国政府和人民的高度赞扬。

中国邮政于1993年4月16日发行JP37《中国医疗队派出30周年》纪念邮资明信片，1套1枚

13 和平共处五项原则

周恩来同志于1953年接见印度代表团时首次提出互相尊重领土主权、互不侵犯、互不干涉内政、平等互惠、和平共处的外交原则。这些原则被写入1954年4月中印两国发表的谈判公报，以及同年6月分别与印度、缅甸发表的《联合声明》中，进一步确定其适用于同亚洲及世界其他国家的外交关系。1955年，万隆会议发表了著名的《关于促进世界和平与合作的宣言》，宣言提出的十项国际关系原则包括了这五项原则的全部内容（在措辞上做了修改）："互相尊重主权和领土完整、互不侵犯、互不干涉内政、平等互利、和平共处"。和平共处五项原则已逐渐被世界大多数国家所接受，不仅在各国大量的双边条约中得到体现，而且被许多国际多边条约和国际文献所确认。

中国邮政于2004年6月28日发行JP119《和平共处五项原则创立50周年》纪念邮资明信片，1套1枚

邮话 精彩中国七十年

1955年4月18日至24日，29个亚非国家和地区的政府代表团在印度尼西亚万隆召开了亚非会议，也称万隆会议。这是亚非国家和地区第一次在没有殖民国家参加的情况下，讨论亚非人民切身利益相关问题的大型国际会议。

中国人民邮政于1965年4月18日发行纪110《万隆会议十周年》纪念邮票，1套2枚。

14 加入世界贸易组织

2001年11月10日，在卡塔尔多哈举行的世界贸易组织（WTO）第四届部长级会议通过了中国加入世界贸易组织的法律文件，它标志着经过15年的艰苦努力，中国终于成为世界贸易组织新成员，成为其第143个成员国。加入世界贸易组织，是中国深度参与经济全球化的里程碑。

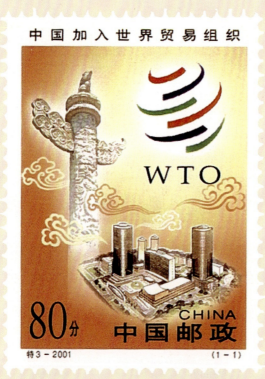

中国邮政于2001年12月11日发行特3-2001《中国加入世界贸易组织》特种邮票，1套1枚

15 一带一路

"一带一路"是"丝绸之路经济带"和"21世纪海上丝绸之路"的简称。2013年9月和10月,中国国家主席习近平分别提出"丝绸之路经济带"和"21世纪海上丝绸之路"的合作倡议,旨在加强国际合作,对接彼此发展规划,实现优势互补,促进共同发展。"一带一路"倡议来自中国,成果正在惠及世界。"一带一路"国际合作高峰论坛是中国政府主办的高规格论坛活动,主要包括开幕式、圆桌会议和高级别会议三个部分。第一届"一带一路"国际合作高峰论坛于2017年5月14日至15日在北京举行,主题为:加强国际合作,共建"一带一路",实现共赢发展;第二届"一带一路"国际合作高峰论坛于2019年4月25日至27日在北京举行,主题为:共建"一带一路",开创美好未来。

中国邮政于2017年5月14日发行2017-10《"一带一路"国际合作高峰论坛》纪念邮票,1套1枚

中国邮政于2017年5月21日发行JP225《一带一路 共赢发展》纪念邮资明信片,1套1枚

中国邮政于2012年8月1日发行2012-19《丝绸之路》特种邮票，1套4枚

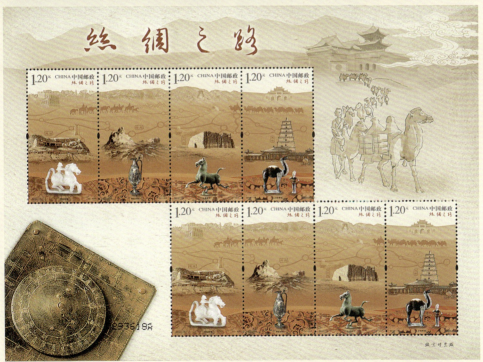

中国邮政于2012年8月1日发行2012-19《丝绸之路》特种邮票，小型张1枚，小版张1枚

中国邮政于 2016 年 9 月 10 日发行 2016-26《海上丝绸之路》特种邮票，1 套 6 枚，小全张 1 枚

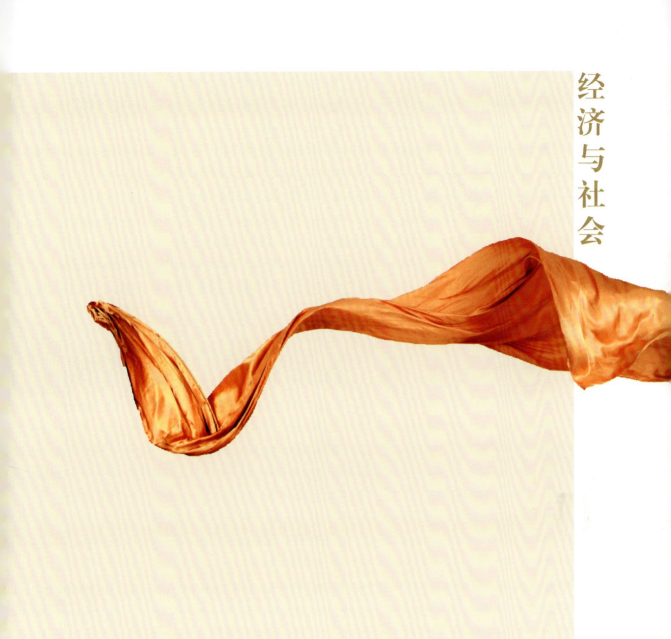

经济与社会

经济与社会

1 中国桥梁

中国桥梁的建造史见证了我国造桥技术的日臻成熟与飞速发展。截至2019年4月，我国共建有100座长江大桥（包括长江隧道）。1954年10月，武汉长江大桥建成通车。1968年，第一座由中国独立自主建造的南京长江大桥建成通车。2000年9月，芜湖长江大桥建成通车。2018年10月24日，港珠澳大桥开通运营。大桥的建造代表了中国桥梁技术的先进水平，更是中国国家综合实力的体现。

武汉长江大桥于1954年10月15日建成通车，这是长江上的第一座大桥，也是中华人民共和国成立后在长江上修建的第一座公铁两用桥。武汉长江大桥建成后，成为连接我国南北的大动脉，对促进南北经济发展起到了重要作用。

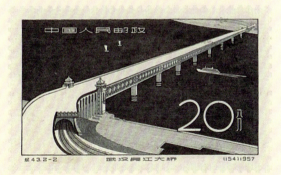

中国人民邮政于1957年10月1日发行纪43《武汉长江大桥》纪念邮票，1套2枚

南京长江大桥于1968年建成通车,这是长江上第一座由中国自行设计和建造的双层式铁路、公路两用桥梁,是中国经济建设的重要成就,中国桥梁建设的重要里程碑,具有极大的经济意义、政治意义和战略意义。

中国人民邮政于1969年5月1日发行文14《南京长江大桥》邮票,1套4枚

中国邮政于2018年12月16日发行JP244《南京长江大桥通车50周年》纪念邮资明信片,1套1枚

芜湖长江大桥于2000年9月建成通车，是中国跨度最大的公路和铁路两用桥梁，在同类型重载桥梁中，其主跨度位居世界第二。

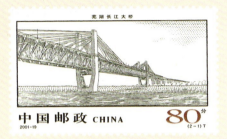

中国邮政于2001年9月20日发行2001-19《芜湖长江大桥》特种邮票，1套2枚

润扬长江公路大桥于2005年4月正式通车，是一座包括两座大跨度索桥及其引桥的组合型桥梁，是江苏省"四纵四横四联"公路主骨架和跨长江公路通道规划的重要组成部分。

中国邮政于2005年4月16日发行PF144《润扬长江公路大桥》普通邮资信封，1套1枚

苏通长江公路大桥于2008年6月建成通车。苏通大桥的建成创造了当时世界桥梁的四大之最：世界跨径最大斜拉桥，规模最大、入土最深的群桩基础，最高桥塔，最长斜拉索。

中国邮政于2008年4月12日发行2008-8《苏通长江公路大桥》特种邮票，1套2枚

泰州长江公路大桥于2012年11月正式开通，是当时世界最大三塔悬索大桥，有最大水中沉井，首次采用了人字形钢塔。

中国邮政于2012年11月26日发行2012-29《泰州长江公路大桥与伊斯坦布尔博斯普鲁斯海峡大桥（中国—土耳其联合发行）》特种邮票，1套2枚，2-1即"泰州长江公路大桥"

万县长江公路大桥、黄石长江公路大桥、铜陵长江公路大桥、江阴长江公路大桥均是横跨我国长江的大桥，展现了我国的桥梁设计及施工水平。

中国邮政于2000年3月26日发行2000-7《长江公路大桥》特种邮票，1套4枚。

杭州湾跨海大桥于2008年5月通车运营，是沈海高速公路的组成部分，也是浙江省东北部城市快速路的重要组成部分。2010年12月29日，杭州湾跨海大桥配套工程海中平台"海天一洲"运营使用。

中国邮政于2009年6月18日发行2009-11《杭州湾跨海大桥》特种邮票，1套2枚

港珠澳大桥是中国境内一座连接香港、珠海和澳门的桥隧工程。港珠澳大桥于2009年12月15日动工建设，于2018年10月24日上午9时开通运营。2018年12月1日起，首批粤澳非营运小汽车可免加签通行港珠澳大桥跨境段。这是迄今为止全球规模最大的跨海工程，它的沉管海底隧道规模也位居世界之首。大桥因超大的建筑规模、空前的施工难度以及顶尖的建造技术而闻名世界。

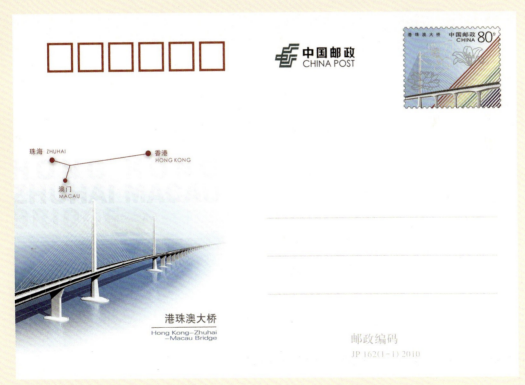

中国邮政于2010年3月24日发行JP162《港珠澳大桥》纪念邮资明信片，1套1枚

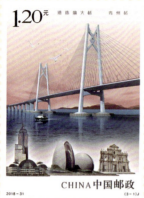  

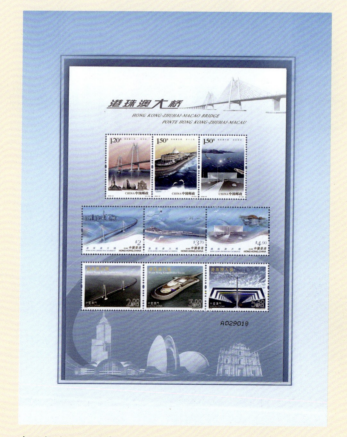

中国邮政于 2018 年 10 月 30 日发行 2018-31《港珠澳大桥》纪念邮票，1 套 3 枚，同时，中国邮政、香港邮政、澳门邮电共同发行小全张 1 枚

北京市西厢工程于1990年8月正式开工，1991年12月建成通车，是国家和北京市的重点工程，对改善北京市交通紧张状况，加快旧城区改造具有重要意义。

中国人民邮政于1991年12月25日发行JF34《北京市西厢工程通车》纪念邮资信封，1套1枚

四元桥,北京的道路立交桥除四惠桥外当属四元桥桥梁长度最长、占地面积最大、结构最复杂。

天宁寺桥,它既是陆路桥又是跨河桥,是北京二环路上最复杂的一座桥梁。

玉蜓桥,位于北京市南二环路与东浦路相交处,连续跨越二环路、京广和京山铁路、护城河以及北滨河路,是三层变形苜蓿叶型互通式立交桥。

安慧桥,位于北京市亚运村四环路和安立路相交处,是三层菱形苜蓿叶式立体交叉式立交桥。

中国邮政于1995年6月20日发行1995-10《北京立交桥》特种邮票,1套4枚

上海杨浦大桥始建于 1991 年 5 月 1 日，1993 年 10 月 23 日通车运营，位于黄浦江水道之上，是上海内环高架道路的组成部分。它的建成使中国的斜拉桥设计建造一举处于国际桥梁界领先水平。

中国邮政于 1993 年 9 月 25 日发行 JF40《上海杨浦大桥建成》纪念邮资信封，1 套 1 枚

2 中国铁路

中华人民共和国成立后,铁路的抢修、维护及开发工作不断取得突破和新的进展,1949年底,全国铁路营业里程约达2.2万公里,客货换算周转量314.01亿吨公里。成渝铁路是中华人民共和国成立后建成的第一条铁路,1952年6月竣工。自1997年4月1日至2007年4月18日,中国铁路经历了六次大提速。2008年8月1日,中国开通第一条高铁——京津城际铁路,由此进入高铁时代。截至2018年年底,中国铁路营业总里程达13.1万公里,规模居世界第二,其中高速铁路里程近3万公里,位居世界第一,占全球高铁运营里程的三分之二以上,超过其他国家的总和;全国铁路复线率和电气化率分别达57%和67%,分别位居世界第二位和第一位。

成渝铁路于1950年6月全线开工,1952年6月竣工,这是中华人民共和国成立后建成的第一条铁路,也是西南地区第一条铁路干线。它横穿四川盆地,有利地促进了西南地区的物资交流。

中国人民邮政于1952年10月1日发行特5《伟大的祖国—建设(第二组)》特种邮票,1套4枚,4-2即"成渝铁路"

大秦铁路的建成运营使中国铁路形成了一整套具有自主知识产权的重载运输知识体系，让中国成为世界上少数几个掌握3万吨重载技术的国家之一。

兰新铁路复线大大改善了中国西北地区的运输条件，对促进西北地区的经济发展具有积极意义。

京九铁路在当时是中国国内投资最大、一次性建成的最长双线铁路，是中国"三横五纵"干线铁路网中的一纵。

北京西站是中国两大铁路干线——京广线和京九线，以及京广高速铁路的客运列车始发站。

中国邮政于1996年9月1日发行1996-22《铁路建设》特种邮票，1套4枚

青藏铁路，简称青藏线，是一条连接青海省西宁市和西藏自治区拉萨市的国家Ⅰ级铁路，是通往西藏腹地的第一条铁路，也是世界上海拔最高、线路最长的高原铁路。青藏铁路分两期建成。一期工程东起西宁市，西至格尔木市，1958年开工建设，1984年5月建成通车；二期工程东起格尔木市，西至拉萨市，2001年6月29日开工，2006年7月1日全线通车。青藏铁路密切了西藏与祖国内地的时空联系，拉动了青藏带的经济发展。

中国邮政于2001年12月29日发行2001-28《青藏铁路开工纪念》纪念邮票，小型张1枚

中国邮政于2006年7月1日发行2006-15《青藏铁路通车纪念》纪念邮票，1套3枚

1997年4月1日至2007年4月18日,中国铁路进行了六次大提速。2007年4月18日零点,中铁开行了中国品牌的CRH动车组,时速在200公里以上,标志着中国动车组列车技术能力从引进消化到创新的突破性发展。和谐铁路建设成就主要涉及提速扩能、重点物资运输、支农运输、口岸运输等方面。

中国邮政于2006年12月28日发行2006-30《和谐铁路建设》特种邮票,1套4枚

中国邮政于2006年12月28日发行2006-30《和谐铁路建设》特种邮票，小型张1枚

2008年8月1日，中国首条高速铁路——京津城际铁路正式通车，时速达350公里，开启了我国崭新的高铁时代。

中国邮政于2017年3月9日发行2017-5《京津冀协同发展》特种邮票，1套3枚，3-1即"交通互联互通"，主图为京津城际铁路京沪高速铁路于 2008 年 4 月 18 日正式开工，2011 年 6 月 30 日全线通车，其最高时速为 380 公里。截至 2018 年 6 月 30 日，京沪高速铁路已开通运营 7 周年，共发送旅客 8.25 亿人次。京沪高速铁路促使京津冀、长三角及沿线地区联系更加紧密，对中国经济和社会发展具有重大意义。

中国邮政于 2011 年 6 月 30 日发行 2011-17《京沪高速铁路通车纪念》纪念邮票，1 套 1 枚

中国邮政于 2017 年 1 月 25 日发行 2017-29《中国高速铁路发展成就》纪念邮票，1 套 4 枚

中国邮政于2017年1月25日发行2017-29《中国高速铁路发展成就》纪念邮票，小型张1枚

截至2018年年底，中国高速铁路里程近3万公里，位居世界第一，占全球高铁运营里程的三分之二以上，超过其他国家的总和。

中国邮政于2010年12月7日发行2010-29《中国高速铁路》特种邮票，1套1枚

3 中国公路

中华人民共和国成立初期,全国公路交通经历了一段时间的恢复,从1949年的约8万公里,逐渐开拓,实现了长足发展。20世纪50年代中后期,为适应经济发展和边疆开发的需要,我国相继修建了康藏公路、青藏公路,并在东南沿海、东北和西南地区修建国防公路,公路里程迅速增长。截至2018年年底,中国公路总里程约480万公里,其中高速公路总里程突破14万公里。目前中国高速公路总里程居全球第一位。

康藏公路为成都—拉萨路段,习惯上称川藏公路,有南北线之分,北线于1950年开工,南线于1955年开工,是中国最险峻的公路。

青藏公路于1950年开工,是中国公路史上规模最大的工程。青藏公路是世界上海拔最高、线路最长的柏油公路。

中国人民邮政于1956年3月30日发行特14《康藏青藏公路》特种邮票,1套3枚

沈大高速公路（沈海高速公路辽宁段）被誉为"神舟第一路"，于1984年6月开工建造，拉开了中国高速公路建设的序幕。

中国人民邮政于1991年9月20日发行T.165《社会主义建设成就（第四组）》特种邮票，1套4枚，4-3即"沈大高速公路"

青岛胶州湾隧道于2011年6月30日通车，是中国第二条海底隧道，也是中国最长的海底隧道，全长约7.8公里。

中国邮政于2011年6月30日发行JF103《青岛胶州湾隧道通车》纪念邮资信封，1套1枚

4 中国民航

中华人民共和国成立以来,中国民用机场事业的发展逐渐步入正轨。1950年8月1日,天津—北京—汉口—重庆和天津—北京—汉口—广州两条国内航线的开通("八一开航"),标志着新中国民用航空运输业务正式开始。1950年,中国民航运输总周转量为157万吨公里,旅客运输量为1万人次。2018年,中国民航全行业实现运输总周转量1206.53亿吨公里,全国颁证运输机场数量达到235个,完成旅客吞吐量12.65亿人次。

北京首都国际机场于1958年通航。2017年,北京首都国际机场旅客吞吐量9578.6万人次,货邮吞吐量202.96万吨,起降59.7万架次,分别位列国内第一、第二、第一位。

中国人民邮政于1980年6月20日发行T.47《首都国际机场》特种邮票,1套2枚

北京首都国际机场3号航站楼，于2008年春完工。

上海浦东国际机场，2017年旅客吞吐量7000.43万人次，货邮吞吐量383.56万吨，起降航班49.7万架次。

广州白云国际机场，2017年旅客吞吐量6583.69万人次。

中国邮政于2008年9月28日发行2008-25《机场建设》特种邮票，1套3枚。

5 中国造船

中华人民共和国成立以来，中国造船技术不断突破瓶颈，取得突出成就。2018年，中国造船完工3458万载重吨，完工出口船3164万载重吨，全国规模以上船舶工业企业1213家。辽宁号航空母舰正式服役，蛟龙号载人潜水器多次完成下潜任务，无不展示出中国造船技术的成熟与完备，推动我国迈向科技创新强国之列。

风雷号远洋货轮、大庆30号邮轮、长征号远洋客货轮和险峰号挖泥船，分别代表了中国不同时期造船的先进水平，反映了中国造船工业取得的辉煌成果。尤其是险峰号挖泥船，是中国自行设计建造的大型挖泥船之一，中国在这一技术上的研发目前处于世界领先地位。

中国人民邮政于1972年7月10日发行编29-32《轮船》邮票，1套4枚

"中远亚洲号 MV. COSCO.ASIA"集装箱船，于2007年7月26日正式投入运营，是当时国内箱位最大、智能化程度最高的集装箱船，也是当时世界上最先进的集装箱运输船舶。

"新盛海号 MV. XINSHENGHAI"散货船，于1989年2月28日正式投入运营。

中国邮政于2011年8月8日发行2011-21《中国远洋运输》特种邮票，1套2枚。

航天测量船、薄膜型液化天然气运输船、海上浮式生产储油船和导弹驱逐舰，展现了中国造船工业日新月异之气象。

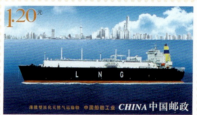

中国邮政于2015年6月3日发行2015-10《中国船舶工业》特种邮票，1套4枚，小版张1枚

由中国自行设计、自主集成研制的载人潜水器——蛟龙号载人潜水器，于 2010 年 5 月至 7 月进行了多次下潜任务，最深下潜深度达到了 7020 米。

中国邮政于 2012 年 7 月 16 日发行 JF105《蛟龙号成功完成 7000 米级海上试验》纪念邮资信封，1 套 1 枚

中国邮政于 2013 年 9 月 29 日发行 2013-25《中国梦——国家富强》特种邮票，1 套 4 枚，4-4 即"蛟龙号载人潜水器"

辽宁号航空母舰于2012年9月25日服役，是中国第一艘服役的航空母舰。2018年4月12日，辽宁号航空母舰亮相南海大阅兵。

中国邮政于2013年9月29日发行2013-25《中国梦——国家富强》特种邮票，1套4枚，4-3即"辽宁号航空母舰"

6 水利和电力

官厅水库于 1951 年 10 月动工，1954 年 5 月竣工，是中华人民共和国成立后建造的第一座大型水库。此后，十三陵水库、红旗渠、三峡大坝等水利枢纽的建造不断突破中国水利建设的技术瓶颈，合理配置了水资源，解决了多数地区的用水难题。目前，中国拥有大大小小的水库大坝近 10 万座，是世界上拥有水库大坝最多的国家。

秦山核电站是中国第一座核电站，于 1994 年 4 月运营。截至 2018 年年初，中国共有核电机组 56 台，其中 38 台正在运行，18 台正在建设中。

十三陵水库于 1958 年 6 月 30 日建成，集防洪、发电、灌溉、养鱼多种功能于一体。

中国人民邮政于 1958 年 10 月 25 日发行特 26《十三陵水库》特种邮票，1 套 2 枚

红旗渠于1960年2月开工,至1969年7月支渠配套工程全面完成,有"人工天河"的称号,也被林州人民称为"生命渠""幸福渠"。

中国人民邮政于1972年12月30日发行编49—52《红旗渠》邮票,1套4枚

葛洲坝水利枢纽工程于1970年12月30日破土动工，1988年全部完工。作为长江上的第一座大坝和长江三峡水利枢纽的重要组成部分，葛洲坝体现了当时中国水利建设的最新成就，是水电建设史上的里程碑。

中国人民邮政于1984年6月15日发行T.95《长江葛洲坝水利枢纽工程》特种邮票，1套3枚

长江三峡工程于1994年12月14日正式开工，2006年5月20日全面竣工，2012年7月4日正式投产。这是中国有史以来规模最大的水利水电工程项目，也是世界上规模最大的水电站。

中国邮政于1997年11月8日发行1997-23《长江三峡工程·截流》特种邮票，1套2枚

中国邮政于2003年8月20日发行2003-21《长江三峡工程·发电》特种邮票，1套3枚，小版张1枚

引大入秦工程跨流域东调120公里，穿越中国西部崇山峻岭，将甘肃、青海两省交界处的大通河水，引至兰州市以北60公里处干旱缺水的秦王川盆地，是一项规模宏大的自流灌溉工程，被称为"中国的地下运河"。

中国邮政于2001年8月26日发行2001-16《引大入秦工程》特种邮票，1套4枚

引滦入津工程将河北省境内的滦河水跨流域引入天津市，这一城市供水工程结束了天津人民喝苦水、咸水的历史。

中国人民邮政于1984年9月11日发行T.97《引滦入津工程》特种邮票，1套3枚

南水北调工程分为东、中、西三条线路。东线工程起点位于江苏省扬州市江都水利枢纽；中线工程起点位于汉江中上游丹江口水库；西线工程正在进行前期研究工作，尚未开工。供水区域为河南、河北、北京、天津四个地区。

中国邮政于2003年9月26日发行2003-22《南水北调工程开工纪念》纪念邮票，小型张1枚

新安江水电站建于1957年4月，这是中华人民共和国成立后，中国自制设备、自主设计的第一座大型水力发电站。

中国人民邮政于1964年12月15日发行特68《新安江水电站》特种邮票，1套4枚

二滩水电站于1991年9月开工，2000年完工，是中国在20世纪建成投产的最大水电站。

中国邮政于2001年9月28日发行2001-17《二滩水电站》特种邮票，小型张1枚

龙滩水电站的规模仅次于三峡水电站，是国家实施西部大开发和"西电东送"重要的标志性工程，也是广西最大的水电站。

中国邮政于2007年6月10日发行JP140《龙滩水电工程发电纪念》纪念邮资明信片，1套1枚

李家峡水电站于1995年12月12日建成,是黄河上游水电梯级开发中的第三级大型水电站。

刘家峡水电站于1958年9月开工兴建,后又经历了停工、复建的过程,是中国首座百万千瓦级水电站。

青铜峡水利枢纽于1958年8月开工,是以灌溉为主,集发电、防凌、工业用水等综合利用为一体的水利枢纽。

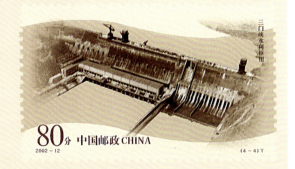

三门峡水利枢纽于1957年4月开工,1961年4月建成投入使用,有"万里黄河第一坝"的美誉,是中华人民共和国成立后在黄河上兴建的第一座大型水利工程。

中国邮政于2002年6月8日发行2002-12《黄河水利水电工程》特种邮票,1套4枚

小浪底水利枢纽集减淤、防洪、防凌、供水灌溉、发电等功能于一体，是一座大型综合性水利工程。

中国邮政于2002年6月8日发行2002-12《黄河水利水电工程》特种邮票，小型张1枚

秦山核电站于1994年4月1日运营，是中国自行设计、建造和运营管理的第一座30万千瓦压水堆核电站，也是目前国内核电机组数量最多、堆型最丰富、装机最大的核电基地。

中国人民邮政于1990年6月30日发行T.152《社会主义建设成就（第三组）》特种邮票，1套4枚，4-4即"秦山核电站"

大亚湾核电站于1987年开工建设，1994年5月6日正式投入商业运营。它是中国大陆第一座大型商用核电站，也是大陆首座使用国外技术建设的核电站。

中国邮政于1994年7月1日发行JP46《大亚湾核电站》纪念邮资明信片，1套1枚

7 西气东输

西气东输工程是我国距离最长的输气管道,西起塔里木盆地的轮南,东至上海。2000年2月,国务院第一次会议批准启动西气东输工程,这是拉开"西部大开发"序幕的标志性建设工程。

中国邮政于2005年1月8日发行2005-2《西气东输工程竣工》纪念邮票,1套2枚

8 经济特区与开发区建设

1980年8月26日,第五届全国人大常委会第十五次会议决定:批准《广东省经济特区条例》,宣布在广东省的深圳、珠海、汕头和福建省的厦门四市分别划出一定区域,设置经济特区。至此,完成了经济特区设立的决策和立法程序,标志着中国经济特区的正式诞生。1988年4月13日,第七届全国人民代表大会第一次会议通过撤销广东省海南行政区,设立海南省,建立经济特区,这是全国最大且唯一的省级经济特区。2010年5月,在中央新疆工作会议上,中央正式批准霍尔果斯、喀什设立经济特区。

中国邮政于1994年12月10日发行1994-20《经济特区》纪念邮票,1套5枚

深圳经济特区于1980年8月正式成立，是中国最早实行对外开放的四个经济特区之一。

中国邮政于2000年8月26日发行2000-16《深圳经济特区建设》纪念邮票，1套5枚。

　　经济技术开发区是中国最早在沿海开放城市设立的以发展知识密集型和技术密集型工业为主的特定区域，后在全国范围内设立，实行经济特区的某些较为特殊的优惠政策和措施。1981年，经国务院批准，我国在沿海开放城市建立经济技术开发区。1984年5月，中国正式决定开放大连、秦皇岛、天津、烟台、青岛等14个沿海港口城市，并在这些城市先后设立了17个经济技术开发区。

中国邮政于2004年5月4日发行2004-9《中国经济技术开发区二十周年》纪念邮票，1套1枚

1990年,中共中央和国务院决策开发浦东。1992年10月11日,国务院批复设立上海浦东新区。上海浦东新区是中国第一个国家级新区,范围包括黄浦江以东到长江口之间的三角形区域,南面与奉贤、闵行区接壤,西面与徐汇、卢湾、黄埔、虹口、杨浦、宝山六区隔黄浦江相望,与崇明区隔长江相望。

中国邮政于1996年9月21日发行1996-26《上海浦东》特种邮票,1套6枚

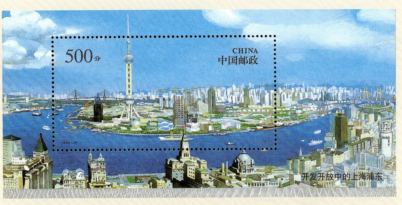

中国邮政于1996年9月21日发行1996-26《上海浦东》特种邮票，小型张1枚

　　2013年9月29日，中国（上海）自由贸易试验区正式成立。中国（上海）自由贸易试验区是中国政府在上海设立的区域性自由贸易园区，位于浦东境内。

中国邮政于2014年9月29日发行JP192《中国（上海）自由贸易试验区成立一周年》纪念邮资明信片，1套1枚

苏州工业园区于1994年2月经国务院批准设立，同年5月实施启动，是中国和新加坡两国政府间的合作项目。苏州工业园区率先开展开放创新综合试验，成为全国首个开展开放创新综合试验区域。

中国邮政于2004年3月1日发行2004-12《中国新加坡合作—苏州工业园区成立十周年》纪念邮票，1套1枚

中国邮政于2014年10月18日发行JP194《中国新加坡合作——苏州工业园区成立20周年》纪念邮资明信片，1套1枚

天津滨海新区是国务院批准的第一个国家综合改革创新区。1994年3月,天津市决定在天津经济技术开发区、天津港保税区的基础上建成滨海新区。2005年,滨海新区被写入国家"十一五"规划并纳入国家发展战略,成为国家重点支持开发开放的国家级新区。2014年12月12日,滨海新区获批自贸区,成为北方第一个自贸区。

中国邮政于2011年10月21日发行2011-27《天津滨海新区》特种邮票,1套3枚,小型张1枚

雄安新区于2017年4月1日设立,位于河北省保定市境内,地处北京、天津、保定腹地,规划范围涵盖河北省雄县、容城、安新三县及周边部分区域。

中国邮政于2017年12月22日发行2017-30《河北雄安新区设立纪念》纪念邮票,1套2枚

　　"京津冀协同发展"于2014年2月26日提出,核心是京津冀三地作为一个整体协同发展,以疏解非首都功能、解决北京"大城市病"为基本出发点,调整优化城市布局和空间结构,构建现代化交通网络系统,扩大环境容量生态空间。2015年3月23日,中央财经领导小组(现为中央财经委员会)第九次会议审议研究了《京津冀协同发展规划纲要》。中共中央政治局于2015年4月30日召开会议,审议通过《京津冀协同发展规划纲要》,标志着推动实施这一战略的总体方针已经明确。

中国邮政于2017年3月9日发行2017-5《京津冀协同发展》特种邮票,1套3枚,小全张1枚

《长江经济带发展规划纲要》由中央政治局于2016年3月25日审议通过。长江经济带覆盖上海、江苏、浙江、安徽、江西、湖北、湖南、重庆、四川、贵州等11个省市。长江经济带是具有全球影响力的内核经济带、东中西互动合作的协调发展带、沿海沿江沿边全面推进的对内对外开放带,也是生态文明建设的先行示范带。

中国邮政于2018年8月26日发行2018-23《长江经济带》特种邮票,1套6枚,小全张1枚

中国资本市场自出现起，便站在中国经济发展的前沿，推动中国经济体制的改革和社会资源配置方式的变革。1986年9月26日，中国第一个证券交易柜台——静安证券业务部开张，标志着新中国开始有了股票交易。新中国的第一股——飞乐音响，由上海飞乐音响股份有限公司在静安证券业务部挂牌买卖。1990年11月26日，上海证券交易所创立，同年12月19日正式开始营业，地址位于上海浦东新区。上海证券交易所门前的牛形雕塑象征着"牛市"。1990年12月1日，深圳证券交易所成立。

中国邮政于2010年12月12日发行2010-30《中国资本市场》特种邮票，1套2枚

中国邮政于2018年12月18日发行2018-34《改革开放四十周年》纪念邮票，1套2枚，2-1即"高举旗帜"，主图中有新中国第一支股票——飞乐音响

9 对外贸易

改革开放以来,中国对外贸易取得了巨大成就,已多年保持全球货物贸易第一大出口国和第二大进口国的地位。中国出口商品交易会是对外贸易活动的重要载体。中国出口商品交易会即广州交易会,简称广交会,创办于1957年春季,每年春秋两季在广州举办,是中国目前历史最长、层次最高、规模最大、商品种类最全、到会采购商最多且分布国别地区最广、成交效果最好的综合性国际贸易盛会,被誉为"中国第一展"。自2007年4月第一百零一届起,广交会由中国出口商品交易会更名为中国进出口商品交易会,由单一出口平台变为进出口双向交易平台。

1973年10月15日,第三十四届中国出口商品交易会在广州举行。

中国人民邮政于1973年10月15日发行编95《中国出口商品交易会》邮票,1套1枚

1974年10月15日，中国秋季出口商品交易会在广州举行。

中国人民邮政于1974年10月15日发行T.6《中国出口商品交易会》特种邮票，1套1枚

2006年10月15日，广交会迎来五十华诞、百届盛会。

中国邮政于2006年10月15日发行2006-24《中国出口商品交易会》特种邮票，1套1枚

中国国际进口博览会旨在坚定支持贸易自由化和经济全球化，主动向世界开放市场，成为构建"一带一路"的又一个重要支撑。

中国邮政于2018年11月5日发行2018-30《中国国际进口博览会》特种邮票，1套2枚，丝绸小版张1枚。

10 希望工程

　　希望工程设立于1989年,是以救助贫困地区失学少年儿童为目的的一项公益事业。其宗旨是建设希望小学,资助贫困地区失学儿童,改善农村办学条件,促进贫困地区基础教育事业的发展。

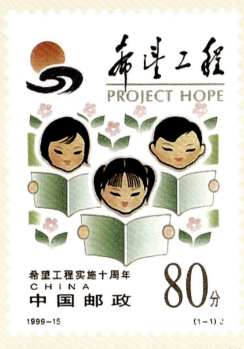

中国邮政于1999年10月30日发行1999-15《希望工程实施十周年》纪念邮票,1套1枚。

11 精准扶贫

中国健康扶贫工程于 2002 年 2 月 1 日推出，旨在通过开展系列化公益服务项目，推动中国基层及农村贫困地区的医疗卫生保健事业，缩小城乡居民的健康差距，提高弱势人群的生存质量，彰显"人人健康"的社会公平与正义，逐步消除因生病导致贫困的现象。自 2014 年起，每年的 10 月 17 日被设为"扶贫日"，这是我国政府继续向贫困宣战的一个重要举措，也是广泛动员社会各方面力量参与扶贫开发的一项重要的制度安排。2015 年 10 月 26 日至 29 日，习近平在中国共产党第十八届中央委员会第五次全体会议上针对精准扶贫做出重要指示，对精准扶贫的方向、重点和目标进行了阐述和明确。

中国邮政于 2003 年 5 月 18 日发行 JF70《中国健康扶贫工程》纪念邮资信封，1 套 1 枚

中国邮政于 2016 年 10 月 17 日发行 2016-30《扶贫日》纪念邮票，1 套 1 枚

"母亲水窖"是一项集中供水工程，是中国妇女发展基金会2001年开始实施的慈善项目，重点帮助西部地区老百姓特别是妇女因严重缺水带来的贫困和落后。

中国邮政于2010年12月17日发行JP167《"母亲水窖"项目实施十周年》纪念邮资明信片，1套1枚

12 应急救灾

中国政府的应急救灾工作反应及时、措施到位。当天灾人祸降临时，国家动用一切力量保护人民的生命和财产安全，组织人力物力去解救、转移或者疏散受困人员，运送重要物资，保护重要目标的安全等。在1991年多省份发生的洪涝灾害、1976年唐山地震、2008年汶川地震、2013年雅安地震，以及2003年"非典"等多次灾情疫情中，国家均投入大量的人力和物力，大量普通民众自发参与抢险救灾，挽救生命，支援灾区，重建人们生存的热土，展现了中华民族的强大凝聚力。

1991年5月中旬至7月上旬，中国淮河、太湖、松花江、巢湖、滁河等流域，安徽、江苏、湖北、河南、浙江、湖南、黑龙江、吉林等省的部分地区洪涝灾害严重。为战胜这场洪涝灾害，全国各地、各部门及时调动人力、物力和财力，全力以赴支援灾区，体现了中华民族的强大凝聚力。

中国人民邮政于1991年9月4日发行T.168《赈灾》特种邮票，1套1枚，邮票销售所得都作为赈灾捐款

1976年7月28日3时42分53.8秒，河北省唐山地区丰南一带发生了强度里氏7.8级地震，震中烈度达到11度。地震发生后，中国人民解放军及全国各行业近30万人火速赶赴灾区，开展抢险救灾行动。40多年来，中国举全国之力支援唐山地区的发展，震后的新唐山在废墟中崛起，翻开繁荣发展的新篇章。

中国邮政于1996年7月28日发行1996-17《震后新唐山》特种邮票，1套4枚

2008年5月12日14时28分4秒,汶川发生里氏8.0级地震,震中烈度达到11度。汶川地区的灾后重建工作得到全国人民的大力支持,各省份对口援助相应的受灾地区,帮助灾区人民尽快回归生产和生活的正常轨道。此后,每年的5月12日被定为全国防灾减灾日。汶川的灾后重建工作效果显著,基础设施得到根本性改善,产业发展优化升级,防灾减灾能力显著提高。

中国邮政于2008年5月20日发行特7-2008《抗震救灾　众志成城》附捐邮票,1套1枚,每套邮票附捐1元。

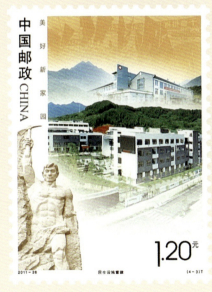

中国邮政于2011年10月13日发行2011-26《美好新家园》特种邮票，1套4枚

中国邮政于2011年10月13日发行2011-26《美好新家园》特种邮票，小型张1枚

雅安地震是2013年4月20日发生在四川省雅安市芦山县的里氏7.0级地震。雅安地震的灾后恢复重建借鉴了汶川等地恢复重建的经验，在硬件、软件的各个方面实施灾后重建工作。

中国邮政于2013年5月3日发行特8-2013《齐心协力　抗震救灾》赈灾邮票，1套1枚

"非典"是一场没有硝烟的战争，中国、东南亚乃至全球都被卷入其中，直至2003年中期，疫情才被逐渐控制。抗击"非典"是一项艰苦卓绝的斗争，与时间赛跑，与死神竞争，无数科研专家、医护人员奋斗在抗击"非典"的第一线，全社会众志成城，成功战胜"非典"。

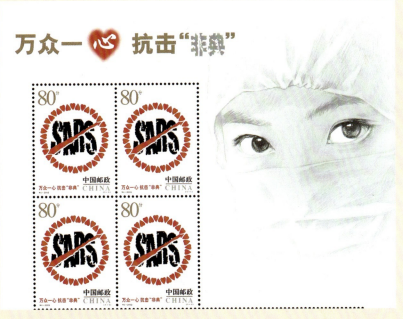

中国邮政于2003年5月19日发行特4-2003《万众一心　抗击"非典"》特种邮票，1套1枚

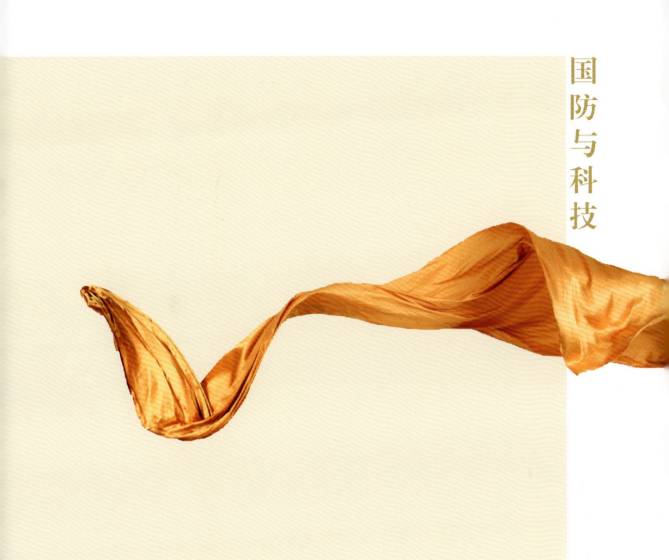

国防与科技

国防与科技

1 航空成果

中华人民共和国成立以来，航空事业发展迅猛。1951年4月17日至29日，中国中央人民政府革命军事委员会和政务院颁发《关于航空工业建设的决定》，宣布成立航空工业管理委员会；4月29日，周恩来总理签发中央人民政府文件，正式批准航空工业局成立，局址在沈阳。数十年间，中国航空工业管理体制几经变化。2008年11月6日，中国航空工业集团有限公司成立，经营范围包括军用和民用飞机、航空发动机、航电系统等的制造、销售和系统服务。中国航空取得了瞩目的成就，科学的进步与创新助力航空事业取得长足发展，超音速强击机、超音速喷气式歼击机、歼击轰炸机等的研发与制造彰显了中国作为飞机制造强国的风采。

歼-8战斗机于1969年7月5日首飞，1980年开始服役，是中国自行设计、沈阳飞机厂制造的第一种高空高速追击机。

运-7飞机于1974年12月25日首飞成功，由西安飞机厂制造，是中国第一架正式投入运营的国产运输机，填补了中短程运输机方面的空白。

强-5飞机于1965年6月4日首飞，1968年开始服役，是南昌飞机厂自行设计的超音速强击机。

运-12运输机于1985年服役，是20世纪80年代中航工业哈尔滨制造公司在运-11飞机基础上研制的轻型双发多用途运输机。

中国邮政于1996年4月17日发行1996-9《中国飞机》特种邮票，1套4枚

歼-10飞机于1998年3月23日首飞成功，2004年1月服役，是中国拥有自主知识产权的第三代战斗机。

飞豹歼击轰炸机即歼轰-7，于1988年首次试飞成功，是20世纪80年代中国设计研制的第一种双发、双座、超音速、全天候歼击轰炸机。

AC313直升机于2010年3月18日首飞成功，是由中国航空工业集团有限公司自主研制的中型中空多用途民用直升机。

中国邮政于2011年4月17日发行2011-9《中国飞机（二）》特种邮票，1套3枚

中国首架喷气式支线客机ARJ21-700飞机于2015年11月28日交付成都航空公司，次年6月28日从成都飞往上海，成功实现商业首航，标志着中国国内航线首次拥有了自行制造的喷气式支线客机。ARJ21-700飞机也是由中国自主研制的首架喷气式支线客机。

中国邮政于2015年11月28日发行2015-28《中国首架喷气式支线客机交付运营》纪念邮票，1套1枚

C919大型客机，全称COMAC C919，于2017年5月5日首飞。它是中国首款按照最新国际适航标准，具有自主知识产权的干线民用飞机。

中国邮政于2017年5月21日发行JP226《C919大型客机首飞》纪念邮资明信片，1套1枚

2 航天成果

经过半个世纪的迅速发展，中国航天事业从无到有、从小到大，取得了巨大成就。"东方红一号"卫星的成功发射拉开了中国人探索宇宙奥秘、和平利用太空造福人类的序幕。神舟飞船载人航天工程树立了中国航天史上的又一座里程碑。嫦娥探月工程为人类和平使用月球做出了新的贡献。

截至目前，中国拥有四个卫星发射中心：酒泉卫星发射中心、太原卫星发射中心、西昌卫星发射中心、文昌卫星发射中心。酒泉卫星发射中心是科学卫星、技术试验卫星和运载火箭的发射试验基地之一，是中国创建最早且规模最大的综合型导弹、卫星发射中心，也是目前中国唯一的载人航天发射中心。太原卫星发射中心具备多射向、多轨道、远射程和高精度测量的能力，承担太阳同步轨道气象、资源、通信等多种型号的中、低轨道卫星和运载火箭的发射任务。西昌卫星发射中心主要承担地球同步轨道卫星发射任务，同时承担通信、广播、气象卫星等试验发射和应用发射任务。文昌卫星发射中心主要承担地球同步轨道卫星、大质量极轨卫星、大吨位空间站和深空探测卫星等航天器的发射任务。

中国人民邮政于1991年9月20日发行T.165《社会主义建设成就（第四组）》特种邮票，1套4枚，4-4即"西昌卫星发射中心"

中国邮政于2018年4月13日发行TP39《美丽新海南》特种邮资明信片，1套4枚，4-4即"文昌航天发射场"

中国运载火箭技术研究院成立于1957年11月16日，是中国航天事业的发祥地。长征系列运载火箭是中国自行研制的航天运载工具，开始于20世纪60年代，1970年4月24日，"长征一号"运载火箭首次发射"东方红一号"卫星并获得成功。

中国人民邮政于1986年2月1日发行T.108《航天》特种邮票，1套6枚，6-4即"飞向静止轨道"

中国人民邮政于1989年11月15日发行T.143《国防建设—火箭腾飞》特种邮票，1套4枚

中国邮政于1996年10月7日发行1996-27《国际宇航联大会第四十七届年会》纪念邮票，1套2枚，2-1即"中国长征运载火箭"

"东方红一号"卫星于1970年4月24日21时35分发射,是中国发射的第一颗人造地球卫星,由以钱学森为首任院长的中国空间技术研究院自行研制。该卫星的成功发射标志着中国成为继苏联、美国、法国、日本之后世界上第五个用自制火箭发射国产卫星的国家。

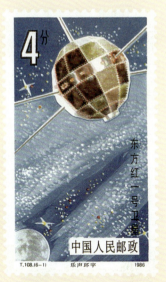

中国人民邮政于1986年2月1日发行T.108《航天》特种邮票,1套6枚,6-1即"乐声环宇",主图为"东方红一号"卫星。

1992年9月21日,中共中央召开政治局常委扩大会议,本次会议正式批复载人航天工程可行性论证报告,标志着中国载人航天事业起步远航。自此,中国载人航天工程三步走发展战略正式起步。2010年9月25日,中共中央政治局常委会批准《载人空间站工程实施方案》,载人空间站工程正式启动实施。

中国邮政于2011年11月7日发行PF234《中国载人航天工程》普通邮资信封,1套1枚

"神舟一号"飞船于1999年11月20日6时30分发射，11月21日3时31分返回。这是中华人民共和国载人航天计划中发射的第一艘无人实验飞船。

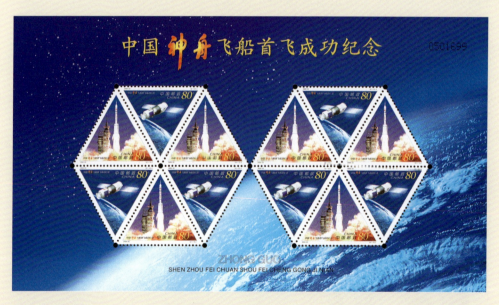

中国邮政于2000年11月20日发行2000-22《中国"神舟"飞船首飞成功纪念》纪念邮票，1套2枚，小版张1枚

"神舟五号"载人飞船是"神舟"号系列飞船中的第五艘,是中国首次发射的载人航天飞行器,"神舟五号"载人飞船的成功发射标志着中国成为第三个将人类送往太空的国家,是我国航天技术上的又一座里程碑。

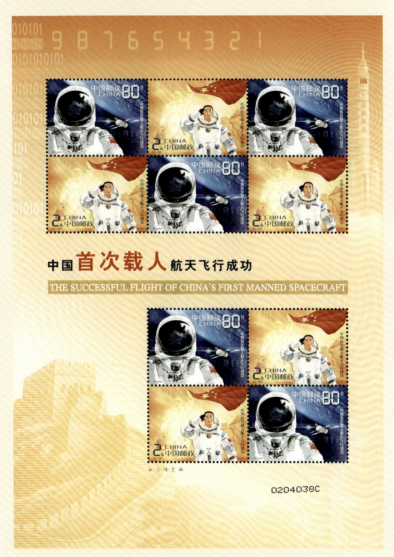

中国邮政于2003年10月16日发行特5-2003《中国首次载人航天飞行成功》纪念邮票,1套2枚。

"神舟六号"飞船于2005年10月12日上午9时在酒泉卫星发射中心发射,于10月17日凌晨4时33分返回。这是中国第二艘搭载航天员的飞船,也是中国第一艘执行"多人飞天"任务的载人飞船。

中国邮政于2006年6月8日发行2006-13《中国航天事业创建五十周年》纪念邮票,1套2枚,2-2即"'神舟六号'载人飞船"

"神舟"系列飞船所属载人宇宙飞船,由中国自行研制,具有完全自主知识产权。"神舟"系列载人飞船由专门为其研制的"长征二号"F火箭发射升空,发射基地是酒泉卫星发射中心,回收地点在内蒙古中部的四子王旗航天着陆场。"神舟"系列载人飞船不断突破技术难题,"神舟七号"实施了中国航天员首次空间出舱活动;"神舟十一号"是中国第六艘载人飞船,与"天宫二号"成功交会对接,标志着中国已经基本掌握了空间飞行器交会对接技术。

中国邮政于2014年11月11日发行2014-27《第十届中国国际航空航天博览会》纪念邮票,1套2枚,2-2即"九天揽月",主图内容有空间站、"神舟"飞船、"长征"系列火箭、出舱活动等

2004年，中国正式开展月球探测工程，命名为"嫦娥工程"，将其分为"无人月球探测""载人登月"和"建立月球基地"三个阶段，发射基地为西昌卫星发射中心。2007年10月24日18时5分，"嫦娥一号"发射升空，成功首飞，在圆满完成各项任务后，于2009年按预定计划受控撞月。

中国邮政于2007年11月26日发行特6-2007《中国探月首飞成功纪念》特种邮票，1套1枚

"嫦娥三号"的任务是我国探月工程"绕、落、回"三步走中的第二步，也是承前启后的关键一步。2013年12月14日，"嫦娥三号"成功实现月球软着陆，中国成为第三个实现月球软着陆的国家。

中国邮政于2014年1月1日发行特9-2014《中国首次落月成功纪念》特种邮票，1套2枚

中国北斗卫星导航系统由空间段、地面段和用户段三部分组成，可在全球范围内全天候、全天时为各类用户提供高精度、高可靠定位、导航、授时服务，且具有短报文通信能力，已经初步具备区域导航、定位和授时能力。这是中国自行研制的全球卫星导航系统，是继美国全球定位系统、俄罗斯格洛纳斯卫星导航系统、欧洲伽利略卫星导航系统之后的第四个成熟的卫星导航系统。

中国邮政于2013年9月29日发行2013-25《中国梦——国家富强》特种邮票，1套4枚，4-2即"北斗卫星导航系统"

3 "两弹一星"元勋

1960年11月5日，中国第一枚导弹发射成功；1964年10月16日15时，中国第一颗原子弹爆炸成功，中国成为第五个有原子弹的国家；1967年6月17日8时，中国第一颗氢弹空爆试验成功；1970年4月24日21时，中国第一颗人造卫星发射成功，中国成为第五个发射人造卫星的国家。中国的"两弹一星"是20世纪下半叶中华民族创建的辉煌伟业。当时大批优秀的科技工作者，包括许多在国外已经有杰出成就的科学界人士怀揣对祖国的热爱，积极响应党和国家的召唤，投身于这一神圣伟大的事业当中。1999年9月18日，在庆祝中华人民共和国成立五十周年之际，党中央、国务院、中央军委决定对当年为研制"两弹一星"做出突出贡献的23位科技专家予以表彰，并授予朱光亚、钱学森等人"两弹一星功勋奖章"，追授王淦昌、邓稼先、钱三强、郭永怀等人"两弹一星功勋奖章"。

王淦昌，核物理学家，中国惯性约束核聚变研究的奠基者，是中国核武器研制的主要科学技术领导人之一。

赵九章，地球物理学家和气象学家，是中国地球物理和空间物理的开拓者，人造卫星事业的倡导者、组织者和奠基人之一。

中国邮政于2014年10月16日发行2014-25《中国现代科学家（六）》纪念邮票，1套6枚，6-1即"王淦昌"，6-2即"赵九章"

郭永怀，空气动力学家，中国力学事业的奠基人之一，在力学、应用数学和航空事业方面有突出贡献。

邓稼先，理论物理学家、核物理学家，在原子弹、氢弹的研究中，领导了轰炸物理、流导力学、状态方程等基本理论研究。

朱光亚，核物理学家，从事核反应堆的研究工作。1994年中国工程院成立，朱光亚出任工程院首任院长。

中国邮政于2014年10月16日发行2014-25《中国现代科学家（六）》纪念邮票，1套6枚，6-3即"郭永怀"，6-4即"邓稼先"，6-5即"朱光亚"

钱学森，应用力学、航天与系统工程学家，被誉为"中国导弹之父""中国火箭之父""导弹之王"，2007年被评为感动中国年度人物。

钱三强，原子核物理专家，中国原子能事业的主要奠基人和组织领导者之一，在研究铀核三裂变中取得了突破性成果。

中国邮政于2011年5月25日发行2011-14《中国现代科学家（五）》纪念邮票，1套4枚，4-2即"钱学森"，4-4即"钱三强"。

4　汉字激光照排

印刷术是中国古代劳动人民的四大发明之一。雕版印刷术发明于唐代，在唐朝中后期普遍使用，宋仁宗时，毕昇发明了活字印刷术。印刷术先后传入中亚、西亚和欧洲地区，带动了近代文明的发展。中国沿袭印刷术的开发与创新传统，积极升级激光照排技术，打造电子排版系统。从1975年开始，王选主持中国计算机汉字激光照排系统和之后的电子出版系统的研究开发，跨越当时日本的光机式二代机和欧美的阴极射线管式三代机阶段，开创性地研制了当时国外尚无商品的第四代激光照排系统，也就有了之后的方正激光照排系统。王选堪称是计算机汉字激光照排技术的创始人，当代中国印刷业革命的先行者。

中国邮政于2014年10月16日发行2014-25《中国现代科学家（六）》纪念邮票，1套6枚，6-6即"王选"

5 人工全合成结晶牛胰岛素

人工全合成结晶牛胰岛素于1965年9月17日完成,这是世界上第一个人工合成的蛋白质,为人类认识生命、解开生命奥秘迈出了可喜的一大步。

中国邮政于2015年9月17日发行2015-22《人工全合成结晶牛胰岛素五十周年》纪念邮票,1套1枚

6 杂交水稻

袁隆平致力于杂交水稻的研究,发明"三系法"籼型杂交水稻,成功研制出"二系法"杂交水稻,创建了超级杂交稻技术体系,使中国杂交水稻研究始终居于世界领先水平。中国发明的杂交水稻,除在国内迅速发展外,在国外已有越南、印度、菲律宾和美国大面积生产使用,并取得了显著的增产效果。

中国邮政于2013年10月25日发行2013-29《杂交水稻》特种邮票,小套2枚

7 南极考察

中国的南极考察开始于1980年初，至1984年先后派出了40名科学工作者分赴澳大利亚、新西兰、智利、阿根廷和日本等国的南极站参加度夏和越冬考察，并参加了1981年1月至3月首次国际南大洋生物系统和资源考察等国际考察活动。1984至1985年，中国首次派出南大洋考察队、南极洲考察队、"向阳红10号"远洋科学调查船和"J121号"打捞救生船所组成的南极考察编队，进行考察活动。1985年2月20日，首次在南极洲南设得兰群岛的乔治王岛上建立中国南极长城站；1989年2月26日，在东南极大陆普利滋湾边的拉斯曼丘陵上建立中国南极中山站；2009年1月27日，在南极内陆冰盖最高点附近建立中国南极昆仑站，这是中国首个南极内陆考察站；2014年11月7日，第30次中国南极考察队开展考察，在南极建立第四个科学考察站——泰山站。2018年11月2日，第35次南极科学考察队乘坐"雪龙号"从上海出发，正式开启为期162天的科考征程。"雪龙2号"极地考察船是中国第一艘自主建造的科学考察破冰船，是全球第一艘采用船艏、船艉双向破冰技术的极地科考破冰船。2019年7月11日，"雪龙2号"极地科学考察破冰船正式交付使用。

中国人民邮政于1984年12月11日发行JF4《中国南极考察》纪念邮资信封，1套1枚

中国人民邮政于 1989 年 2 月 28 日发行 JF20《中国南极中山站建站》纪念邮资信封，1 套 1 枚

中国邮政于 2014 年 11 月 20 日发行 2014-28《中国极地科学考察三十周年》纪念邮票，1 套 2 枚，2-1 即"南极科学考察"，主图为中国南极泰山考察站

中国邮政于2014年11月20日发行2014-28《中国极地科学考察三十周年》纪念邮票，1套2枚，2-2即"北极科学考察"，主图为"雪龙号"极地科学考察破冰船

中国邮政于2019年7月11日发行JP248《"雪龙2"号极地科学考察破冰船交船纪念》纪念邮资明信片，1套1枚

文化与体育

文化与体育

1 博物馆建设

　　博物馆是记录历史、传承文化之集大成者,是征集、典藏、陈列和研究代表自然和人类文化遗产的场所。1905年,中国博物馆建设的先驱者张謇自费创建了中国第一座现代博物馆——南通博物苑,开始了中国现代博物馆事业的新纪元。中华人民共和国的成立,使博物馆建设事业进入一个空前的繁荣期,陕西历史博物馆、上海博物馆、河南博物院、西藏博物馆、天津自然博物馆相继建立。2003年2月28日,中国历史博物馆和中国革命博物馆合并,成立中国国家博物馆。

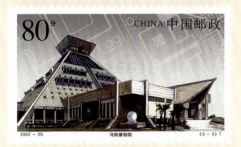

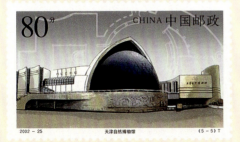

中国邮政于2002年11月9日发行2002-25《博物馆建设》特种邮票,1套5枚

2 全民阅读

阅读是人民群众最为普遍也最为持久的文化需求。"全民阅读"活动是中央宣传部、中央文明办和新闻出版总署贯彻落实党的十六大关于建设学习型社会要求的一项重要举措。自2016年"全民阅读"活动开展以来，城市阅读率得到了显著提升，"爱读书、读好书、善读书"的阅读氛围更加浓厚，书香社会成了城市建设的新标签。

中国邮政于2016年4月23日发行2016-8《全民阅读》特种邮票，1套1枚，小版张1枚

3 北京国际图书博览会

1986年,北京国际图书博览会创办,原是每两年举办一次,自2002年开始,办展周期缩短为每年一届。每届北京图书博览会均有来自国内的500余家出版单位及来自英、法、美、日等国家和地区的出版机构参加。北京国际图书博览会始终坚守"把世界优秀图书引进中国,让中国图书走向世界,以促进国际科技文化交流,增强各国人民的相互了解和友谊,扩大中外合作出版和版权贸易,发展图书进出口贸易"的宗旨。

中国人民邮政于1986年9月5日发行JF6《北京国际图书博览会》纪念邮资信封,1套1枚

4 孔子学院

孔子学院,即孔子学堂,它并非一般意义上的大学,而是推广汉语和传播中国文化的交流机构,是一个非营利性的社会公益机构。孔子学院最重要的工作就是给世界各地的汉语学习者提供规范、权威的现代汉语教材;提供最正规、最主要的汉语教学渠道。2004年,全球首家孔子学院在韩国首尔设立。

中国邮政于2012年12月1日发行2012-30《孔子学院》特种邮票,1套2枚

5 国家大剧院

中国国家大剧院于2007年9月竣工，外观呈半椭圆形。它作为国家表演艺术的中心，上演歌剧、音乐会、舞蹈、戏剧戏曲等门类的高雅艺术精品。

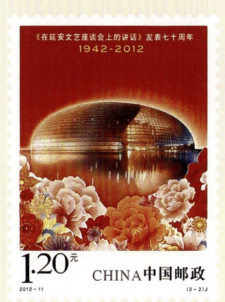

中国邮政于2012年5月23日发行2012-11《〈在延安文艺座谈会上的讲话〉发表七十周年》纪念邮票，1套2枚，2-2即"文艺发展繁荣"，主图为国家大剧院。

6 国家图书馆

中国国家图书馆前身是筹建于1909年9月9日的京师图书馆，1931年，文津街馆舍落成（现为国家图书馆古籍馆）；中华人民共和国成立后，京师图书馆更名为北京图书馆。1987年新馆落成，地址位于北京市中关村南大街。1998年12月12日，经国务院批准，北京图书馆更名为国家图书馆，对外称中国国家图书馆。中国国家图书馆是国家总书库、国家书目中心和国家古籍保护中心，是世界上最大、最先进的国家图书馆之一。

中国人民邮政于1987年7月1日发行JP11《北京图书馆新馆落成暨开馆七十五周年纪念》纪念邮资明信片，1套1枚

中国邮政于2009年9月9日发行2009-19《国家图书馆》特种邮票，1套2枚

7 中国电视事业

中国的电视事业始于20世纪50年代末。1958年5月1日,中国第一座电视台、中央电视台的前身——原北京电视台开始试验播出。此后,上海、哈尔滨等城市也相继开办了电视台。至1960年,全国的电视台、试验台和转播台达29座。1978年5月1日,原北京电视台正式更名为中央电视台(CCTV),成为中国唯一一家全国性国家级电视台。

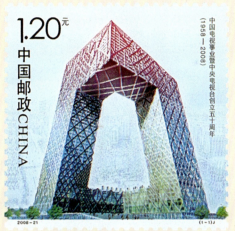

中国邮政于2008年9月2日发行2008-21《中国电视事业暨中央电视台创立五十周年》纪念邮票,1套1枚

中国邮政于1998年9月2日发行JP69《中国中央电视台建台40周年》纪念邮资明信片,1套1枚

8 上海世博会

举世瞩目的第四十一届世博会——上海世博会开幕式于 2010 年 4 月 30 日在世博文化中心举行，开幕式主题为"海上生明月，天涯共此时"。本届世博会是由中国举办的首届世界博览会，会期为 2010 年 5 月 1 日至 10 月 31 日，主题为"城市，让生活更美好"。中国国家馆日活动于国庆节当天在世博园中央大厅启动，主要包括官方仪式和文艺晚会等几个方面。上海世博会共有 190 个国家、56 个国际组织参展，参展规模为历届之最；大约有 40 个国家和国际组织报名建设，正式参展方的自建馆数量为历届之最；志愿者人数最多；等等。上海世博会已有 12 项纪录入选世界纪录协会世界之最。

中国邮政于 2007 年 12 月 19 日发行 2007-31《中国 2010 年上海世博会》特种邮票，1 套 2 枚

中国邮政于 2009 年 5 月 1 日发行 2009-8《中国与世博会》特种邮票，1 套 4 枚

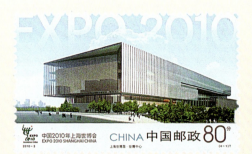

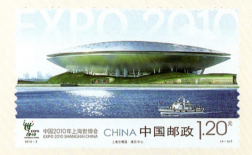
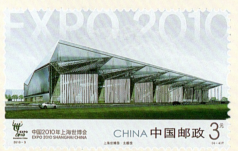

中国邮政于2010年1月21日发行2010-3《上海世博园》特种邮票，1套4枚，小型张1枚

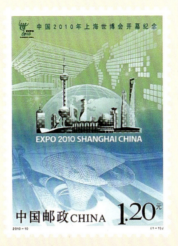

中国邮政于2010年5月1日发行2010-10《中国2010年上海世博会开幕纪念》纪念邮票,1套1枚,小版张1枚

中国邮政于 2010 年 10 月 1 日发行 JP165《中国 2010 年上海世博会——中华人民共和国国家馆日》纪念邮资明信片，1 套 1 枚

9 世界园艺博览会

世界园艺博览会是最高级别的专业性国际博览会，也叫世界园艺节，会期通常为6个月，自晚春起，经盛夏至中秋。它是世界各国园林园艺精品、奇花异草的大联展，是以增进各国的相互交流为目的，集文化成就和科技成果于一体的规模最大的A1级世界园艺博览会。

1999年5月1日至10月31日，昆明举办了世界园艺博览会，为期184天，主题为"人与自然——迈向21世纪"。这是中国举办的首届专业类世博会。

中国邮政于1999年5月1日发行1999-4《1999昆明世界园艺博览会》纪念邮票，1套2枚

西安世界园艺博览会于2011年4月28日至10月22日举行，会期178天，主题为"天人长安·创意自然——城市与自然和谐共生"。

中国邮政于2011年4月28日发行2011-10《2011西安世界园艺博览会》纪念邮票，1套2枚。

2014年青岛世界园艺博览会于4月25日至10月25日举行，主题为"让生活走进自然"。

中国邮政于2014年4月25日发行2014-7《2014青岛世界园艺博览会》纪念邮票，1套2枚。

唐山世界园艺博览会于2016年4月29日至10月16日举行，为期171天，主题为"都市与自然·凤凰涅槃"。

 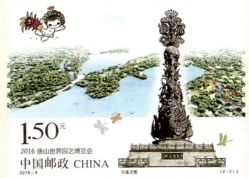

中国邮政于2016年4月29日发行2016-9《2016唐山世界园艺博览会》纪念邮票，1套2枚

北京世界园艺博览会于2019年4月29日至10月7日举行，为期162天，主题为"绿色生活，美丽家园"。

中国邮政于2019年4月29日发行2019-7《2019年中国北京世界园艺博览会》纪念邮票，1套2枚

10 中国艺术节

中国艺术节是全国性、群众性的重要国家文化艺术节日，原则上每三年举行一届，每届为期15至20天。1987年秋，北京举办了首届中国艺术节，本次艺术节为满足各省市单位上台表演的需要，共安排了180场表演。之后，中国艺术节在云南、甘肃、四川、江苏、浙江等地举办，其作为高水平的综合性艺术活动，丰富了人民群众的生活，促进了文艺事业的不断发展，是弘扬民族优秀文化、繁荣社会主义文艺的良好形式。

中国人民邮政于1987年9月5日发行J.142《中国艺术节》纪念邮票，1套1枚

中国邮政于2000年9月28日发行JP91《第六届中国艺术节》纪念邮资明信片，1套2枚

中国邮政于2004年9月9日发行JP124《第七届中国艺术节》纪念邮资明信片，1套1枚

中国邮政于2007年11月5日发行JP146《第八届中国艺术节》纪念邮资明信片，1套1枚

11 全国运动会

全国运动会是中国国内水平最高、规模最大的综合性运动会，它的比赛项目除武术外基本与奥运会相同。全运会每四年举办一次，一般在奥运会年前后举行。中华人民共和国第一届全国运动会于1959年9月13日至10月3日在北京举行，有各省、市、自治区、中国人民解放军等29个单位的1万余人参赛，比赛项目36项，表演项目6项。

中国人民邮政于1959年12月28日发行纪72《第一届全国运动会》纪念邮票，1套16枚

中国人民邮政于1965年9月28日发行纪116《中华人民共和国第二届运动会》纪念邮票，1套11枚

中国人民邮政于 1975 年 9 月 12 日发行 J.6《中华人民共和国第三届运动会》纪念邮票，1 套 7 枚

12 中国重返国际奥委会

1979年10月25日,国际奥委会执委会在日本名古屋举行会议,一致通过决议,恢复中国在国际奥委会的合法席位,确认中华人民共和国为中国全国性奥委会。同年11月26日,国际奥林匹克委员会副主席穆罕默德·姆扎利在洛桑宣布,国际奥委会经过全体委员的通讯表决,以占绝对优势的赞成票批准了执委会10月在日本名古屋做出的关于中国代表权的决议。国际奥委会批准的这个决议,决定了中华人民共和国奥林匹克委员会的名称为"中国奥林匹克委员会"。

中国人民邮政于1980年11月26日发行J.62《中国重返国际奥委会一周年纪念》纪念邮票,1套5枚

13 中国与奥林匹克运动会

第十三届奥林匹克冬季运动会于1980年2月13日至2月24日，在美国普莱西德湖举行。中国从此届开始参加冬奥会。

中国人民邮政于1980年2月13日发行J.54《第十三届冬季奥林匹克运动会》纪念邮票，1套4枚。

1984年7月28日至8月12日，第二十三届奥林匹克运动会在美国洛杉矶举行。中国派出了代表团参加这届奥运会，这是中国重返国际奥委会以来，首次参加的夏季奥运会。值得关注的是，在本届奥运会上，中国体育代表团一举夺得15金、8银、9铜，位列奖牌榜第四名，男子射击运动员许海峰为中国夺得第一枚奥运会金牌。

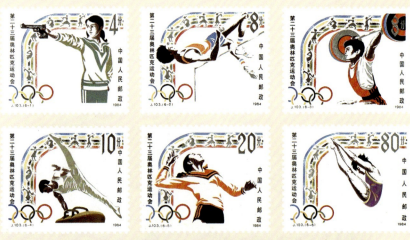

中国人民邮政于1984年7月28日发行J.103《第二十三届奥林匹克运动会》纪念邮票，1套6枚，小型张1枚。

中国人民邮政于1984年8月1日—8月19日发行JP1《中国在第23届奥运会获金质奖章纪念》纪念邮资明信片，1套16枚，16-1即"男子自选手枪"

中国人民邮政于1984年8月1日—8月19日发行JP1《中国在第23届奥运会获金质奖章纪念》纪念邮资明信片，1套16枚，16-16即"金质奖章"

2001年7月13日晚10时8分，前国际奥委会主席萨马兰奇在莫斯科宣布：北京成为2008年奥运会主办城市。申办奥运，这一中国人民长久以来的愿望终于得以实现。

中国邮政于2001年7月14日发行特2-2001《北京申办2008年奥运会成功纪念》特种邮票，1套1枚

第二十九届夏季奥运会于2008年8月8日晚8时整在北京正式开幕,本届奥运会的口号是"同一个世界,同一个梦想",共有204个国家和地区的11400余人参加了28个大项、302个小项。北京奥运会的成功举办,向世界展示了一个更加开放包容、和谐自由的中国,广邀四海宾朋,共襄体育盛会。前国际奥委会主席罗格评价:"这是一届真正的无与伦比的奥运会。"

中国邮政于2005年11月12日发行2005-28《第29届奥林匹克运动会——会徽和吉祥物》纪念邮票,1套6枚

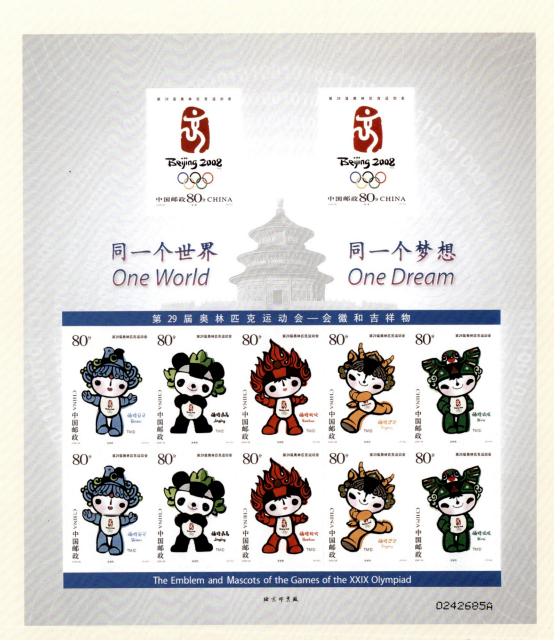

中国邮政于2005年11月12日发行2005-28《第29届奥林匹克运动会——会徽和吉祥物》纪念邮票，不干胶小版张1枚

中国邮政于2006年8月8日发行2006-19《第29届奥林匹克运动会——运动项目（一）》纪念邮票，1套4枚，不干胶小版张1枚。

中国邮政于2007年8月8日发行2007-22《第29届奥林匹克运动会——运动项目（二）》纪念邮票，1套6枚，不干胶小版张1枚

中国邮政于2007年12月20日发行2007-32《第29届奥林匹克运动会——竞赛场馆》纪念邮票，1套6枚，小型张1枚

中国邮政于2008年3月24日发行2008-6《第29届奥林匹克运动会—火炬接力》纪念邮票，1套2枚，小全张1枚

中国邮政于 2008 年 3 月 24 日发行 2008-6《第 29 届奥林匹克运动会—火炬接力》纪念邮票，不干胶小版张 1 枚

中国邮政于 2008 年 8 月 8 日发行 2008-18《第 29 届奥林匹克运动会开幕纪念》纪念邮票，1 套 1 枚，不干胶小版张 1 枚

中国邮政于2008年8月8日同时发行《第29届奥林匹克运动会—运动项目》纪念邮票，小全张1枚

2015年7月31日17时57分，国际奥委会第128次全会在吉隆坡举行，经85位国际奥委会委员的投票，选举北京为第二十四届冬奥会举办城市。第二十四届冬季奥林匹克运动会将于2022年2月4日至2月20日举行，中国北京市和张家口市同为主办城市。这是中国历史上第一次举办冬季奥运会，也是中国继北京奥运会、南京青奥会之后第三次举办奥运赛事。

中国邮政于2015年7月31日发行特10-2015《北京申办2022年冬奥会成功纪念》特种邮票，1套1枚

中国邮政于2017年12月31日发行2017-31《北京2022年冬奥会会徽和冬残奥会会徽》纪念邮票，1套2枚

中国邮政于2018年11月16日发行2018-32《北京2022年冬奥会——雪上运动》纪念邮票，1套4枚，小版张1枚

14 女排精神

"女排精神"这一说法出现于20世纪80年代,是对中国女子排球队顽强战斗、勇敢拼搏精神的总概括。1981年11月,中国女排首夺在日本举行的第三届世界杯排球赛冠军,随后在1982年的秘鲁世锦赛上再度夺冠,之后又在1984年第二十三届洛杉矶奥运会上夺得奥运冠军,在1985年第四届世界杯和1986年第十届女子排球锦标赛上均夺得冠军。至此,从1981年到1986年,中国女排实现了历史上的首个五连冠。"女排精神"现泛指勤奋踏实、无所畏惧、顽强拼搏、同甘共苦、刻苦钻研、勇攀高峰的精神,在社会各界广泛流传,激励着一代青年人的成长。

中国人民邮政于1981年12月21日发行J.76《中国女排获第三届世界杯冠军》纪念邮票,1套2枚

中国人民邮政于1984年8月1日—8月19日发行JP1《中国在第23届奥运会获金质奖章纪念》纪念邮资明信片，1套16枚，16-14即"女子排球"。

15 国球荣耀

乒乓球是中国的国球,也是中国传统优势体育项目。1959年,第二十五届世界乒乓球锦标赛在德国多特蒙德举行,中国乒乓球选手容国团夺得男子单打冠军,这是中国获得的第一个乒乓球世界冠军。1986年,在第三十六届世界乒乓球锦标赛上,中国乒乓球队囊括了该届比赛全部七项冠军。不仅在体育界,乒乓球在中国各领域都扮演着重要角色,早在1971年,"乒乓外交"就成为缓和中美关系的重要因素。如今,乒乓球既是全民健身的有益运动,也是联系海内外友人情感的纽带。

中国人民邮政于1959年8月30日发行纪66《第25届世界乒乓球锦标赛》纪念邮票,1套2枚

邮话 精彩中国七十年

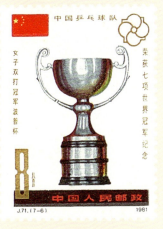

中国人民邮政于1981年6月30日发行J.71《中国乒乓球队荣获七项世界冠军纪念》纪念邮票，1套7枚。

邮话
精彩中国七十年